Rainer Maria Rilke

Das tägliche Leben
Drama in zwei Akten

elv
www.elv-verlag.de

Rilke, Rainer Maria

Das tägliche Leben
Drama in zwei Akten

ISBN: 978-3-86267-288-2

Auflage: 1
Erscheinungsjahr: 2012
Erscheinungsort: Bremen, Deutschland

© Europäischer Literaturverlag GmbH, Fahrenheitstr. 1, 28359 Bremen (www.elv-verlag.de). Alle Rechte beim Verlag und bei den jeweiligen Lizenzgebern.

Bei diesem Titel handelt es sich um den Nachdruck eines historischen, lange vergriffenen Buches aus dem Verlag Albert Langen, München (1902). Da elektronische Druckvorlagen für diesen Titel nicht existieren, musste auf alte Vorlagen zurückgegriffen werden. Hieraus zwangsläufig resultierende Qualitätsverluste bitten wir zu entschuldigen.

Cover: Ausschnitt aus dem Gemälde „Várakozás holdfénynél (Expectation by Moonlight)" von Faragó Géza.

Das tägliche Leben

Drama in zwei Akten

von

Rainer Maria Rilke

Albert Langen
Verlag für Litteratur und Kunst
München 1902

Personen

Der Maler Georg Millner
Sophie, seine Schwester
Doktor Leuthold
Mascha, das Modell
Helene
Frau Weber

Erster Akt

Geräumiges Atelier. Unterhalb des sehr großen Fensters ein Radiertisch mit begonnenen Kupferplatten und allerlei Werkzeug. Links eine Staffelei. Darauf ein Blendrahmen (verkehrt). In der Mitte noch eine große Staffelei, daneben ein Schemel mit verschiedenen Bechern und bauchigen Bronzegefäßen, welche Pinsel halten. Ein schmaler Schrank mit Farbenladen. Darauf allerlei Kleinigkeiten, unter anderem ein kleiner Spiegel, eine Flasche Cognac, kleine Gläschen, eine Schachtel mit Cigaretten und eine rote japanische Schale mit Theegebäck. Dabei ein ganz tiefer Lehnstuhl mit sehr solider Lehne und breiten Armstützen, und zu ihm gewendet, wie im Gespräch, ein rotlackierter Strohstuhl. Die Hinterwand ist ganz vom Fenster eingenommen. An der Wand links: ein schwarzer Schrank, darauf ein Totenkopf mit Mütze, eine kleine Terracotta-Statuette, Gefäße und eine Krone. An der Wand selbst eine Menge Skizzen in Kohle, Rötel und Öl. Teils gerahmt, teils ungerahmt. Vorn der Ofen, klein, rund, eisern. Darauf einiges Kochgeschirr. Neben dem

Schrank die Eingangsthür, vom Flur. Wand rechts. Nahe am Fenster eine Couchette, mit einem Teppich bedeckt, auf dem noch andere Stoffe ausgebreitet sind, goldgestickte, glänzende. Die Wand darüber ist bis zu einem Bord, welches in halber Höhe hinläuft, mit grünem Stoff bekleidet. Darauf einzelne Bilder. Über einer kleinen Photographie frische Frühlingsblumen. Auf dem Bord eine Reihe langgestielter kleiner niederländischer Pfeifen, schräg angereiht. Dann kleine Plastiken, Puppen, Reliefs u. s. f. Am Ende der Couchette eine einflügelige Thür, welche ins Schlafzimmer führt. Vorn daneben ein Podium, halb von einer spanischen Wand verdeckt, über welche auch köstliche Decken aus altrotem Sammet, mit goldenem Zierat bestickt, geworfen sind. Ganz vorn ein sehr geräumiger Tisch, als Schreibtisch benutzt, mit Papieren, Briefen, Büchern und einer Menge Kleinigkeiten überdeckt, daneben ein Büchergestell mit hellen, meist ungebundenen Büchern. Das Atelier ist am Rande der Stadt gelegen. Es ist früh am Nachmittag. Vor dem Fenster graue, glatte Dächer, hoher Frühlingshimmel und der leichtbewegte Wipfel einer Kiefer.
Georg Millner, Maler; nicht sehr groß, etwa 24 Jahre, blond, mit weichem Haar und kleinem Schnurrbart.

Georg

(tritt ein aus dem Schlafzimmer in schwarzem Gesellschaftsrock, schwarzer Binde, den Rock, den er offenbar erst angelegt hat, mit den Händen glättend und abstäubend. Er geht ganz damit beschäftigt ans Fenster. Dann sieht er eine Weile hinaus. Kehrt sich dann rasch um, geht im Raume umher, als ob er etwas suchte, findet endlich auf dem schmalen Farbenschrank den Handspiegel, versucht seine Kravatte drin zu sehen, und macht eine unwillige Bewegung, da das Glas ganz verstaubt ist. Nimmt sein Taschentuch heraus, wischt den Spiegel ab und wirft das Tuch auf den einen Stuhl. Ordnet dann, indem er den Spiegel hochhebt, seine Binde.)

So. (Geht sichtlich erleichtert ein paar Schritte auf das Fenster zu. Er sieht auf die Taschenuhr) Ho ... drei ... Zeit, — viel Zeit. (Tritt zurück zu dem Farbenschrank, der nur etwa die Höhe eines hohen Tisches hat und nimmt die Cigarettenschachtel. Brummt) Staub! Wo man hingreift! (Holt eine Cigarette hervor) (Es pocht. Er sagt achtlos) Ja (und beginnt Zündhölzer zu suchen. Er findet eine Schachtel, holt eines heraus, streicht eines an. Es klopft wieder. Georg ruft ärgerlich) Ja — herein (inzwischen verlöscht das Zündholz. Er schleudert es auf den Boden, nimmt ein neues und blickt, während er die Cigarette anzündet, nicht sehr gespannt nach der Thür. Ein Mädchen mit Strohhut in einem sehr einfachen schwarzen Kleid, tritt langsam und zögernd herein. Georg, das Zündholz in der Luft schwenkend) Danke, danke! Brauche kein Modell. (Wendet sich ab, raucht.)

Modell

Ich, Herr Millner ... ich ...

Georg
(sich rasch umwendend)

Mascha? Ach so! Hab dich gar nicht erkannt. So in schwarz? Na, was giebt's denn?

Modell

Ich wollt nur mal anfragen ...

Georg

So. Wir haben uns lange nicht gesehen Geht's dir gut?

Modell

Oh mir .... es muß wohl. Aber brauchen Sie mich gar nicht mehr?

Georg

Ich arbeite jetzt nicht. Willst du dich nicht ein bischen setzen?

Modell

Ja, aber gehen Sie nicht fort?

Georg

Warum?

Modell
(auf den Anzug weisend)

No, weil Sie so ...

Georg
Ach so. Ja, später; später muß ich ... na setz dich. Viel zu thun jetzt?

Modell
(kommt und setzt sich in den Strohstuhl. Georg kniet mit einem Bein auf der Lehne des anderen bequemen Stuhles)

Ach nein, es macht keiner was ...

Georg (lächelnd)
Na siehst du, ich auch nicht.

Modell
(ebenfalls lächelnd)

Aber was thun Sie denn den ganzen Tag?

Georg
Ich diene meinem Rock, d. h. ich mache Besuche, lasse mich einladen. . . . .

Modell
Freut Sie das auf einmal?

Georg
Nein.

Modell
Also ...

Georg
Ja siehst du, was mich freut, das kann ich nicht.

Modell
Aber malen ...?

Georg
Eben — malen.

Modell
Können Sie nicht ...?

Georg
Nein.

Modell
Wer's glaubt! Im Winter ...

Georg
Im Winter ja. In den dunklen Novembertagen ... Du weißt ja ... Wie hab' ich da oft gewartet auf das Hellwerden, wenn so um elf Uhr noch immer Dämmerung war. In welcher Angst hab' ich da oft gesessen. Es hätte ja auch ein Tag vorübergehen können ganz ohne — Tag. Und gerade in diesen Stunden hätt' ich's gekonnt und versäumt. Und jetzt schlaf ich bis Mittag, nur um das viele unbenutzte Licht nicht zu sehen, mit dem sich das Fenster füllt schon in aller Frühe.

Modell
Wohl auch, weil Sie spät nach Hause kommen? (Pause.)

Georg (ernst)
Wohl auch — weil ich spät nach Hause komme. Ja. Man muß sich eben — zerstreuen ...
Modell
Ja, zerstreuen und dann — sammeln.
Georg
Was? Was meinst du?
Modell (verlegen)
Mir fiel das nur so ein, um der Worte willen ...
Georg
Nur um der Worte willen ... Bist du nicht am Ende klug?
Modell (lacht)
Nein, nur die Worte. (Stockt verlegen.)
Georg
Sag mal, du hast wohl manches gelernt?
Modell
Wenig. Als ich gerade gut lesen konnte, wurden wir ganz arm.
Georg
Plötzlich?
Modell
Ja, über Nacht. Vater hatte spekuliert. Und dann ...

Georg
So, so. Na und lesen konntest du also?

Modell
Ja, das konnte ich nun. Früher hatte ich immer vor Vaters Büchern gestanden und mir gedacht: wenn ich nur lesen könnte. Und als ich es konnte ...

Georg
Nun, als du es konntest?

Modell
Da hatten wir keine Bücher mehr.

Georg
Ach so, man hat euch alles genommen.

Modell
Ja, man hat uns alles genommen.

Georg
Und dann?

Modell
Ja dann ... (traurig.)

Georg
Wenn du mal etwas von den Büchern da willst ... (Weist nach dem Bücherregal.)

Modell
O gern! Ich hab' Sie schon oft bitten wollen. (Pause.)

Georg
Viel ist ja nicht da. Aber vielleicht findest du doch etwas. (Pause.) Warum siehst du mich denn so an?

Modell
Sie sehen ganz so aus wie damals.

Georg
Wie wann?

Modell
Wie im November, als Sie malten.

Georg
Als ich malte ...

Modell
Ja so ... so ... demütig ...

Georg
Wie?

Modell
Es ist nicht der richtige Ausdruck. Nein. Das meine ich gar nicht.

Georg
Sondern?

Modell
Sie haben ein Arbeitsgesicht und — und — ein anderes.

Georg
(drückt die Cigarette in den Aschbecher)
Hm! Und das Arbeitsgesicht, wie ist das?

Modell (ruhig)
Fromm.

Georg
(sieht sie ernst an. Modell steht auf.)

Georg
Und heute habe ich dieses ——— dieses Gesicht?

Modell
Ja. (Pause.)

Georg
(nach einer Pause, lächelnd)
Da soll ich dich wohl bald wieder brauchen?

Modell (freudig)
O ja!

Georg (zögernd)
Vielleicht. (Er beginnt nervös auf und ab zu gehen.) Vielleicht, Pläne habe ich ja, die ganze Zeit hindurch ... aber es stört einer den andern ... Aber so manchmal ... Vorige Woche einmal, an einem Regentag gegen Abend, wurde es plötzlich golden, märchenhaft golden — nach einem Regentag. Der Boden warm, schwer ... Hinter-

grund. Und davor die Dinge glänzend, mit klaren Konturen, so einfach, so rührend einfach ... Das war vorige Woche am Donnerstag und dann: ja wer so den Mut hätte, gleich zu beginnen, jedesmal gleich zu beginnen. Aber da überlegt man ...

Modell
Und zerstreut sich ...

Georg
(bleibt stehen, sieht sie an)

Du hast recht, ich werde dich bald rufen, Mascha.

Modell
Morgen!

Georg
Morgen? — Schon morgen? Kaum. Ich werde spät nach Hause kommen ... und dann muß hier einmal abgestaubt werden ... und ... Sieh nur, wie alles aussieht.

Modell
(nimmt rasch Hut und Jacke ab)

Georg
Was denn?

Modell
Abstauben. Haben Sie Tücher?

Georg
Was, du willst jetzt?
Modell
Ja gleich. Wo sind die Tücher?
Georg
Aber . . . .
Modell
(hat indessen den Schrank links geöffnet und sucht).
Georg
(die unterste Lade des Farbenkastens aufziehend).

Hier, hier (Er wirft ihr zwei Staubtücher zu und sie beginnt gleich beim Schrank abzuwischen und zu ordnen, wobei sie die Dinge ohne Pedanterie, aber geschmackvoll aufstellt. Georg zündet sich eine neue Cigarette an und stellt sich dann mit dem Rücken gegen das Fenster, an den Radiertisch gelehnt. Er beobachtet sie).
Modell
(bei der einen Staffelei knieend, immer beschäftigt, leise).

Aber vielleicht brauchen Sie diesmal eine mit Gesicht?
Georg
Wieso? (raucht)
Modell
(stäubt stehend die Bilder an der Wand links ab)
No bei mir sind doch nur Beine und Arme was wert . . . . .

Georg
(betrachtet sie)

Modell
(wendet sich, da er schweigt, forschend zu ihm zurück)

Georg
(mit plötzlicher Hast die Cigarette fortwerfend und zur Staffelei springend)

Halt, um Gottes willen, bleib, bleib so.... (Das Modell behält ruhig die Haltung, indessen rast Georg im Atelier umher, wirft Blendrahmen und Reißbretter durcheinander, stellt eines auf die Staffelei, reißt den Schrank auf, nimmt eine Schachtel mit Zeichenkohle heraus und beginnt in fliegenden Strichen vor der Staffelei zu arbeiten. Im Eifer der Arbeit) So, so.... die Arme kannst du ruhig herunter lassen... (Er knöpft den Rock auf und wirft ihn auf den Boden.)

Modell (verharrt)

Georg
(immer arbeitend)

Laß nur die Arme los. Ich brauch' nur das Gesicht....

Modell
(zieht langsam wie von Staunen gelähmt die Arme zurück)

Georg (arbeitet)

Modell
(schlägt plötzlich mit heftiger Bewegung die Hände vors Gesicht)

Georg

Aber, Mascha! Mascha! Herr Gott, nun verdirbst du mir! . . .

Modell (weint)

Georg
(wirft die Kohle weg)

No jetzt ist's aus . . .

Modell (erschrocken)

Nein, nein — entschuldigen Sie — — ich — (sie nimmt die Hände fort und versucht wieder die alte Haltung des Kopfes).

Georg (wütend)

Ja freilich so . . . Warum, zum Teufel kannst du nicht stille halten?

Modell
(ganz verlegen)

Entschuldigen Sie . . . . ich . . . .

Georg

Entschuldigen! Jetzt ist's aus . . du bist ganz verweint . . . Schluß.

Modell
(bleibt traurig stehen)

Georg

Schluß sag ich! (Er wirft den Rahmen gegen die Wand. Dann bemerkt er, daß er in der Weste ist, hebt seinen Rock auf und zieht ihn wieder an.)

Modell
(kommt hinzu)

Georg

Was denn?

Modell (verlegen)

Ihr Rock, Herr .... er ist ganz staubig jetzt ....

Georg

Na, so putz mich ab.

Modell
(sucht die Bürste)

Georg
(weist nach dem Tisch)

Dort.

Modell
(nimmt die Bürste und bürstet. Pause. In diesem Augenblick pocht es)

Georg (laut)

Herein! (Stimme durch die Thürspalte) Darf ich?

Georg

Du, Sophie?

Stimme
Ja. Ich.

Georg
Nur herein, Schwesterchen.

Modell
(hört auf zu bürsten, sieht ängstlich nach der Thür)

Sophie
(älteres Mädchen, einfach gekleidet, mit gescheiteltem Haar, unschön, aber sanft und mit Augen, die klug und gütig sind und bereit zu verstehen. Sie schließt die Thür hinter sich und zögert, da sie Mascha sieht)

Georg
Abend! Komm nur. Das ist Mascha. Du weißt. Sie bürstet mich nur ab. Ich muß zu Mallings zum Diner.

Sophie
(kommt nach vorn)

Guten Abend, Georg. (Zu Mascha) Guten Abend. (Sie streckt ihr die Hand hin. Da Mascha es bemerkt, legt sie rasch und leise die Hand hinein, nur für eine Sekunde. Man merkt, daß sie über diese Freundlichkeit erstaunt ist. Dann macht sie sich gleich zu thun, legt die Staubtücher in die Lade des Farbenschrankes, welche noch offen steht und eilt sich anzukleiden)

Sophie
Wohin sagtest du, daß du gehst?

Georg
(bietet ihr Platz an auf der Couchette, rückt selbst den Strohstuhl heran für sich)

Zu Mallings.

Sophie
(setzt sich auf die Couchette)

Ja heiratet denn nicht heute der junge Malling?

Georg
(setzt sich halb mit dem Rücken zum Publikum)

Eben. Das ist es. Zur Trauung geh' ich nicht, weil ich diese Ceremonien nicht liebe. Aber vom Diner hernach konnte ich mich nicht recht losmachen. Der junge Malling hat sich in der letzten Zeit sehr an mich angeschlossen und würde das übelnehmen. Zumal zum Diner nur ein ganz enger Kreis zugezogen ist. Man muß nicht einmal Frack nehmen, wie du siehst. Aber du, was machst du? Seid Ihr gesund und Mama?

Sophie (lächelnd)

Ach, Mama schickt mich her. Sie hat dich seit drei Tagen nicht gesehen und da macht sie sich Sorgen. Du weißt wie sie ist. Außerdem hat sie vergangene Nacht von dir geträumt und da bildet sie sich nun ein, es müßte dir durchaus was zugestoßen sein. Alte kranke Leute sind abergläubisch, — weißt du, — du bist wohlauf?

Georg

Ja, — außer wenn du chronische Faulheit zu den Krankheiten zählen willst.

Sophie (lächelnd)

Nein keinesfalls zu tötlichen.

Georg (ernst)

Oh doch! In gewissem Sinne.... (Pause) Aber du kannst Mama sagen, daß ich eben zu Mallings fahre, d. h. eigentlich ins Hotel l'Europe; denn dort findet die Tafel statt. Und was macht Mama sonst?

Sophie

Oh — wie immer. Aber ich glaube das Fräulein... Mascha will etwas von dir... (sie deutet mit dem Kopf nach Mascha, welche schon ganz angekleidet zögernd und unentschlossen in der Nähe der Thür steht).

Modell

Ich wollte nur sagen... ich gehe jetzt.

Georg
(erhebt sich ein wenig, halb zurückgewendet)

Gut, gut. Adieu, Mascha.

Sophie
Adieu.

Modell
Guten Abend, gnädiges Fräulein (ab).

Sophie
Das ist also Mascha? Die berühmte Mascha.

Georg (zerstreut)
Ja, Mascha.

Sophie
Von der du mir erzähltest im November, als du dein großes Bild maltest . . . .

Georg
(erhebt sich plötzlich eilig)

Verzeih, einen Augenblick.

Sophie
Ja . . . .

Georg
(geht rasch zur Thür, öffnet sie und ruft hinaus)

Mascha! (Pause) (Die Schritte werden still auf der Treppe) Mascha! (Stimme von unten) Ja, gleich. (Man hört heftiges Aufwärtslaufen, dann ist Mascha offenbar zurückgekommen, bleibt aber unsichtbar vor der Thür, Georg spricht hinaus).

Georg
Ich wollt' Ihnen nur sagen, Mascha: Es macht nichts. Das, wissen Sie.

Modell
(atemlos vom Laufen)

Oh — ich hab' mich so geschämt . . . .

Georg

Geschämt? . . . . Na also, wie gesagt: Es schadet nichts. Vielleicht ist es doch nicht vorbei, die Skizze ist ja da und im Kopf hab' ich's auch noch. Kommen Sie doch morgen.

Modell
(in ungläubiger Freude)

Ja?

Georg (ruhig)

Ja, früh um acht Uhr oder halb neun. Geht's?

Modell

Ja, oh ja.

Georg

Also gut. — Adieu (schließt die Thür und kommt rasch zurück). Verzeih . . . . es war eine Kleinigkeit zwischen uns auszugleichen.

Sophie

Du bist ja also fleißig . . . . Morgen willst du schon um acht?

Georg

Nein, nein, das ist nur ein Versuch . . . .

Mascha meinte nämlich . . . . übrigens lieb,
daß du ihr die Hand gereicht hast . . . .

Sophie
Ach! — Sie war mir ja fast eine Bekannte, so aus deinen Erzählungen. Du sprachst im Winter viel von ihr. Sie ist ja auch kein Modell, so wie die anderen, meine ich.

Georg
Nein nein . . . .

Sophie
Aber sie ist nicht schön?

Georg
Sagte ich das jemals?

Sophie (lächelnd)
Nein. Aber ich hab' mir sie immer so vorgestellt. Mit einem ernsten stillen Gesicht, etwas bleich, einem schönen schweigsamen Mund, einer stolzen Stirn und Augen . . . . Die Augen sind allerdings fast wie die, die ich ihr gegeben habe in meiner Einbildung.

Georg (rasch)
Ja, nicht wahr, die Augen! Die sind mir heute auch aufgefallen! (Pause) Vielleicht hast du aber auch sonst nicht unrecht . . .

Sophie
(sieht ihn fragend an)

Georg
Ich meine: vielleicht ist das Gesicht ihrer Seele so. (Pause. Plötzlich) Sag mal, Leuthold kann jeden Augenblick hier sein. Es ist dir doch nicht unangenehm, ihn zu treffen?

Sophie
Unangenehm? Nein.

Georg
Nun, ich meinte nur, wenn man jemandem mal einen Korb gegeben hat ...

Sophie
O so in aller Freundschaft; besuchen kann er uns nun freilich nicht mehr. Mama würde das merkwürdig finden. Es ist ja auch thatsächlich keine Verkehrsform festgesetzt für solche, die sich einmal n i c h t geheiratet haben. Aber gerade deshalb wäre es also möglich, da eine Beziehung zu begründen, für welche keine Maßregeln vorgesehen sind, ein Verhältnis außer aller Konvention. Nicht?

Georg
Bravo! Das ist eine Idee! Ja, das ist

sogar meine Idee. Meine Lebensaufgabe sozusagen.

Sophie

Ist das auch nicht ein zu kleines Ziel für ein ganzes Leben?

Georg

Wie meinst du das?

Sophie

Ja, sind nicht alle wirklichen Beziehungen so, außerhalb der Konvention.

Georg

Kind, Kind, glückseliges Kind, das du bist.

Sophie

Nein ohne Scherz, unsere zum Beispiel.

Georg

Unsere. Hm? Würdest du hierher ins Atelier kommen, wenn du nicht meine Schwester wärst?

Sophie

Ja als was sollte ich denn kommen?

Georg

Nun als Dame, als Bekannte, als Freundin . . . .

Sophie

Freundin?

Georg
Ah, siehst du ....

Sophie (lachend)
Nun ja, ich würde kommen, zu dir würde ich kommen.

Georg (lachend)
Gut, gut .... ich glaub' schon. (Pause. Ernst.) Wenn du doch kämst!

Sophie
(versteht nicht)
Georg?

Georg
Ja, ich bin sehr allein, sehr, sehr allein. Ich hab' mir schon gedacht, ob ich nicht zu euch ziehen soll. Ihr habt ja noch ein Fremdenzimmer. Vielleicht bin ich auch nur hier so allein im Verhältnis zu dem großen Raum. Nun und dann, man könnte ja thatsächlich beisammen sein. Mama und du und ich. Abends zum Beispiel, nicht wahr? Wir könnten lesen; das heißt das strengt die Augen an bei Licht, also sprechen — erzählen — vielleicht auch schweigen ... Das ist ganz was anderes als allein schweigen ... Oft denke ich mir: wir sitzen so bei-

sammen .... (Er stockt, den zweifelnden Blick Sophiens bemerkend.) Hm?

Sophie
Georg, ich fürchte, du meinst nicht uns ....

Georg (erstaunt)
Nicht euch? Wen denn?

Sophie
Nun .... eben .... das Resultat deiner Lebensaufgabe ....

Georg
(macht eine abwehrende Handbewegung, dann nach einer Pause warm)
Ich möchte dir gerne helfen, Sophie.

Sophie
(scheint sehr erstaunt)
Helfen?!

Georg
O ich weiß, du hast es nicht leicht, so den ganzen Tag bei der Mutter und das Jahre hindurch .... Ihr Alter macht sie undankbar und ihre Leiden launenhaft. Ich kann mir denken, was das heißt ....

Sophie
Soll ich dir etwas sagen, Georg ...

Ich sehe eben: ich habe ganz unabsichtlich dieselbe Lebensaufgabe gehabt, welche du dir stellst.

Georg

...?

Sophie

Ein Verhältnis zu begründen außer aller Konvention. (Leiser.) Von meiner Mutter bin ich längst fortgegangen, Georg, — aber ich habe einen Menschen gefunden, einen armen klagenden Menschen, dem ich diene und für den ich alles bin. Denn ich ziehe abends die Vorhänge zu in ihrem Zimmer und mache Nacht und mache wieder Morgen, wenn ich spät am Vormittag die Läden öffne. Und meine Hände bringen ihr die Speise und die Arznei und über meine leise lesende Stimme kommt der Schlaf zu ihr... Du erinnerst mich, daß dieser Mensch meine Mutter ist....

Georg
(warm, streckt ihr die Hand hin)

Unsere Mutter!

Sophie
(reicht ihm die Hand. Sie sehen sich in die Augen)
(Pause)

Aber Mama wird mich erwarten.

Georg

Ja, nun wirst du aber Leuthold doch nicht sehen.

Sophie

Schade, — aber es wird spät. Kommt er öfters zu dir?

Georg

Nein, er ist kein geselliger Mensch, weißt du; aber heute versprach er mich abzuholen zum Diner....

Sophie

Er ist auch mit Mallings befreundet?

Georg

Ja, ich glaube allerdings mehr mit dem alten Baron Malling als mit Rolf. Er ist ja sozusagen eine andere Generation.

Sophie

Ja, ja, das geht jetzt so schnell....

Georg

Ja.... obzwar die jungen.... (Es pocht) Ah, das könnte er sein. Herein. — Richtig!

Dr. Leuthold

(tritt ein) (schlank, mager)

Guten Abend! (Er stutzt, da er Sophie bemerkt, erkennt sie nicht gleich in seiner Kurzsichtigkeit und sagt plötzlich) Oh, gnädiges Fräulein.

Sophie
(tritt auf ihn zu, streckt ihm die Hand hin)

Guten Tag, Doktor Leuthold. Wir sprechen eben darüber, ob Sie zur alten oder neuen Generation gehören?

Dr. Leuthold
(reicht Georg die Hand, dann, indem er seinen Kneifer abnimmt)

Bitte zu keiner. Wenn ich aber durchaus eingereiht werden soll, stellen Sie mich zur alten. Ich möchte doch dort erst abwarten, ob es eine neue giebt.

Sophie
Was, Sie glauben? ....

Dr. Leuthold
Ich glaube nicht, daß das zerstörte Alte schon etwas Neues ist.

Georg
Aber Sie geben immerhin zu, daß man mit dem Alten aufräumt?

Sophie
Und daß dem Alten dabei nicht unrecht geschieht?

Dr. Leuthold
Da fragen Sie mich zuviel. Es kann

sein, daß es ganz überflüssig ist umzureißen, weil das Neue vielleicht auf diesem ausgenützten, von Trümmern belasteten Boden überhaupt nicht aufgeht, — sondern irgendwo auf neuer jugendlicher Erde . . . .

Sophie

Sie meinen also, daß soviel Raum ist auf der Welt?

Dr. Leuthold

Oh — und wenn einmal kein Land mehr da ist — kein unberührtes, so wird es aus dem Meere steigen das Neue . . . .

Georg

Sie sind ein Dichter, Doktor.

Dr. Leuthold

Aber ein altmodischer, den Sie gewiß nicht lesen würden.

Georg

Oh ich — ich lese überhaupt keinen. So im ganzen — von einigen liebe ich ein paar Verse, und trotzdem das ganz verschiedene Dichter sind, Romantiker und Dekadenten, Franzosen, Italiener, Deutsche, Russen, oft scheinen mir meine Lieblingsgedichte alle von einem Dichter zu sein — so ähnlich sind sie einander.

Dr. Leuthold
Schließlich ist ja auch ein Dichter hinter allen.

Georg
So .... meinen Sie — Gott?

Dr. Leuthold
Meinen Sie ihn?

Georg (verwirrt)
Ich weiß nicht. (Pause.)

Dr. Leuthold
(sieht nach der Uhr)

Aber ich glaube ....

Georg
(wie aufwachend)

Ja, freilich — es ist Zeit. Sie haben den Wagen unten?

Dr. Leuthold
Ja.

Georg
Wenn Sie sich nur einen Augenblick setzen wollen! Sophie, biete dem Herrn Doktor Cigaretten an. Du weißt wo sie stehen. Ich bin gleich soweit. (Geht rasch ins Schlafzimmer.)

Sophie
(weist auf den Lehnstuhl)
Bitte. Rauchen Sie?

Dr. Leuthold
Nein, danke, jetzt nicht. Vor Tisch.

Sophie
(holt sich den Strohsessel)

Dr. Leuthold (herbeieilend)
O Verzeihung, gnädiges Fräulein. (Will ihr helfen.)

Sophie
Danke, Doktor Leuthold. Ich bin gewohnt, mir selbst zu helfen. (Sie setzt sich.)

Dr. Leuthold
(setzt sich aufrecht, ohne sich anzulehnen in den Lehnstuhl.) (Pause.)

Sophie
Sind Sie mit Mallings befreundet?

Dr. Leuthold
Gut bekannt. Ich hatte mit dem alten Baron wiederholt zu thun als Arzt.... Und außerdem kenne ich auch die Familie der Braut des jungen Herrn v. Malling.

Sophie

Da stehen Sie ja in doppelten Beziehungen zu dieser Vermählung. Und waren nicht in der Kirche?

Dr. Leuthold

Nein. Ich kann niemanden heiraten sehen.

Sophie

Sie fürchten diesen unheimlichen Anblick?

Dr. Leuthold

Das Laute, das Betonte daran ist mir unangenehm.

Sophie

Nach Ihrer Meinung soll man leise heiraten?

Dr. Leuthold

Ja, möglichst unauffällig. Meinetwegen kann man sich ja lärmend begraben lassen; denn einen Toten beneidet niemand.

Sophie

Nein wirklich, einen Toten beneidet niemand. Wie gut, daß Sie das sagen!

Dr. Leuthold

Warum?

Sophie

Also leben Sie gern.

Dr. Leuthold (lächelt)
Ich lebe.

Sophie
Nun das genügt. Sie sind nicht von der alten Generation, Doktor.

Dr. Leuthold
Lebt die etwa nicht? (Lächelnd)

Sophie (zögernd)
Nicht so....

Georg
(tritt ein im Überrock, mit Hut und Handschuhen in der Hand)
So, — da bin ich. Gehen wir?

Dr. Leuthold
(erhebt sich)

Sophie
Du hast ja auch wohl schon höchste Zeit, Georg?

Georg
Nun wir sind ja in einigen Minuten dort.

Sophie
(zu **Dr. Leuthold**)
Also leben Sie wohl, Doktor Leuthold. Schade, daß Sie schon fort müssen. Vielleicht

fügt es der Zufall, daß wir uns wieder mal hier treffen.

Dr. Leuthold
Und Sie würden gegen diesen „Zufall" kein Mißtrauen haben?

Sophie
Nein, denn schließlich ist jeder Zufall Gesetz.

Dr. Leuthold
Und vor Gesetzen haben Sie Hochachtung?

Sophie
Ja vor gewissen Gesetzen, z. B. . . . .

Georg
Zum Beispiel?

Sophie
Z. B. vor denen der Freundschaft (sie reicht ihm die Hand).

Dr. Leuthold
(küßt respektvoll die ihm dargereichte Hand)
Vielen vielen Dank.

Sophie
Und auf Wiedersehen.

Dr. Leuthold
Auf Wiedersehen. Ja.

Georg

Aber wir gehen ja alle wenigstens die Treppe hinunter zusammen. Bitte (er öffnet die Thüre und läßt Sophie und Doktor Leuthold vorausgehen, geht dann selbst ab).

(Einige Minuten bleibt die Bühne leer. Dann wird von außen aufgesperrt und herein tritt Mascha, das Modell, und eine Frau mit Besen, Eimer und Scheuerlappen.)

Modell (heiter)

So, Frau Weber. Ich wußte ja, daß der Hausmeister den Thürschlüssel hat. Kommen Sie nur herein. (Sie hat schon Hut und Jacket abgenommen und bindet sich eine große Schürze um.) Wir müssen uns sputen. Noch zwei Stunden bleibt es hell, in der Zeit muß die Hauptsache gethan sein. Sie können hier gleich beginnen ... beim Ofen.

Frau Weber (breitspurig)

Ja, ja 's is schon spät heut'! Und das Zimmer hat an Umfang .... da war's freilich gescheiter morgen ....

Modell (ungeduldig)

Nein, nein das hilft nicht, — für morgen muß ja gerade alles blank sein.

Frau Weber
(sich aufschürzend)

Ach so! (Sie trägt die Scheuerdinge ins Zimmer herein.) Ist leicht hier morgen ein Festtag?...

Modell
(schon ganz an der Arbeit, den Tisch aufzuräumen, mit strahlendem Lächeln)

Ja, Frau Weber, ein Festtag.

Vorhang fällt

Zweiter Akt

Am Morgen des nächsten Tages. Georg sitzt im bequemen Lehnstuhl, raucht, trinkt Kaffee, blättert in einer Skizzenmappe. Es klopft.

Georg
Ja?

Modell
Guten Morgen.

Georg
Ah, Mascha. Nur herein.

Modell
kommt schnell nach vorn)

Georg
(ruhig weiterblätternd)
Gearbeitet wird zwar nicht...

Modell (erschrocken)
Nicht?

Georg
Nein (lächelnd). Oder hab' ich doch das Arbeitsgesicht?

Modell
Das nicht, — aber...

Georg
Aber?

Modell
Sie sehen so froh aus.

Georg
Bin ich auch. Mir ist etwas widerfahren, was....

Modell
Gestern?

Georg
Ja spät noch. Eine Überraschung.

Modell
Und das macht Sie froh. Wirklich?

Georg
Ja —

Modell
Aber es war doch nur eine Kleinigkeit....

Georg
(sieht fragend auf)

Modell (verlegen)

Nicht der Rede wert. Ich dachte, wenn heute schon gearbeitet wird....

Georg

Du meinst?

Modell

Nun dafür hab' ich alles hier so schön gemacht ... aber das ist ja wirklich nicht der Rede wert, Herr Millner.

Georg
(sieht sich erstaunt um, bemerkt erst jetzt die glänzende Ordnung im Atelier)

Ah ja, ja.

Modell

Aber Sie haben noch gar nicht bemerkt....

Georg
(rasch, da er ihr verstörtes Gesicht sieht)

Doch, doch, natürlich. Ich meinte das, auch das. Wirklich eine Überraschung. Sehr schön. — Danke, Mascha.

Mascha
(abgewendet, fremd)

O bitte.

Georg

Das paßt ganz ausgezeichnet, gerade heute. Es soll heute festlich sein hier.

Mascha

Also wollen Sie doch arbeiten? (Wendet sich ihm zu.)

Georg

Nicht für die Arbeit, nein. Aber es kommt Besuch.

Mascha

So?

Georg

Ja, eine Dame.

Mascha

So?

Georg

Ja, eine junge Dame.

Mascha

Sie wollen sie malen?

Georg

Auch, auch malen ... Möglicherweise auch malen. (In Gedanken.) Nein, es war zu merkwürdig gestern. Ich will dir erzählen .... du hast doch Zeit?

Mascha

Zeit hab' ich schon.

Georg

Na so setz dich.

Mascha
(bleibt stehen)

Georg

Also, du kannst dir ja denken, wie es bei so einem Diner zugeht. Steif und langweilig. Und nun gar so ein Hochzeitsdiner. Mit geschmacklosen Toasten, ewigen Verlegenheiten und albernem Gelächter. Natürlich erwartete ich gestern nichts anderes. Aber da, ich war etwas bei Stimmung, ich sprach eine ganze Menge, da ereignete sich das Merkwürdige.

Mascha

Die Überraschung.

Georg

Ja, die Überraschung. Sie verstand mich. Ich meine: sie verstand mich wirklich, so über die Worte weg .... verstehst du? Wir sahen einander zum ersten Male und gleich ohne alle Einleitung, ohne alle Konvention. Mensch zu Mensch. Du kannst dir nicht vorstellen, was das bedeutet. Nach dem Diner zogen wir uns in eine Ecke zurück und erzählten uns, jeder von sich. Wir holten gleichsam einzelne Details nach, denn

im Grunde wußten wir alles voneinander.
Alles Wesentliche. Ist das nicht seltsam?

Mascha
(versucht zu lächeln)
O ja, das muß wohl....

Georg
Was?

Mascha
Ich meine, es passiert wohl selten.

Georg
Was muß sonst alles geschehen, damit man zu einem Menschen kommt. Erschütterungen, Mißverständnisse, Todesfälle womöglich sind nötig. Einbrechen muß man bei jemandem, überfallen muß man ihn in einer Stunde, wo er sich nicht verteidigt. Eintreten muß man rasch und gewaltsam, mit einem Ereignisse zugleich, für welches er gerade seine Thüren offen hält. Aber hier: Alles war offen und siehe — ich kam. Und... (er blickt auf). Wolltest du etwas sagen?

Mascha
Ach nein, ich dachte mir nur, daß so etwas sehr schön sein muß.

Georg

Sehr schön, Mascha, sehr schön! Denk dir in einen Menschen zu kommen, während alles ruhig in ihm ist. Nicht in Sturm und Ungewißheit einzutreten, wie es sonst geschieht. In seinen Frieden kommen, in seinen Mittag, wie einer für den alles vorbereitet ist.

Mascha

Ja, ja.

Georg

Du verstehst mich?

Mascha
(versucht zu lächeln)

Ein wenig.

Georg
(lächelt, zerstreut)

Gut, gut! Ich rede ja auch so vieles, was ... Aber, ich habe das Bedürfnis, für alles das einmal Worte zu suchen und diese Worte zu hören. Ich würde das alles wohl auch erzählen, wenn ich ganz allein wäre ...

Mascha

O, — (traurig) dann schadet es also nicht, daß ich da bin.

Georg

Nein, nein (beschäftigt) und weißt du, welchen Vorzug das hat, so zu jemandem zu gelangen, in dem es ruhig ist? Man sieht ihn, wie er wirklich ist....

Mascha

Wie er wirklich ist?

Georg

Ja, man kann sich also nicht getäuscht haben.

Mascha (zerstreut)

O freilich.... (rasch) Sie glauben also, ein Irrtum ist ganz ausgeschlossen — unter solchen Umständen?

Georg

Ja ausgeschlossen. Wir würden es ebenso selbstverständlich finden zusammen zu leben, wie wir es gestern selbstverständlich fanden, uns voneinander zu erzählen.

Mascha
(unterdrückt ihr Erschrecken, dann rasch)

Und sie, ich meine die Dame, hat Ihnen also auch von sich erzählt?

Georg

Ja später, zum Schluß. Erst ich und

dann hernach, als ich schon alles gesagt hatte, auch sie, — ganz intim, wie vor einem alten Bekannten. Von ihrer Kindheit, von ihren Eltern. Die sind übrigens beide tot. Sie steht ganz allein. Und vielleicht war es auch nur deshalb möglich . . . .

Mascha
Was?

Georg
Dieses seltsame Sichanvertrauen.

Mascha
Weil sie so allein ist, die Dame?

Georg
Ja, allein — wie ich . . . .

Mascha
. . . . wie . . . . ?

Georg (lächelnd)
Wie ich — oder wie du. Du bist doch eigentlich auch ganz allein.

Mascha
(lacht gezwungen)

O ich, was ich . . . ich habe viele Freunde! . . .

Georg
(bemerkt ihr Lachen kaum)

Wer mir das gestern gesagt hätte. (Er steht auf.)

Mascha
(wieder traurig)
Ja gestern konnte man noch nichts ahnen.

Georg
So ist das Leben. Darin besteht seine Schönheit. Im Unerwarteten. (Pause.)

Mascha
Ja, Vater sagte oft, ein unerwarteter Tod ist etwas Schönes.

Georg
(sieht sie an)
Wie kommst du darauf?

Mascha
O eine Erinnerung.

Georg
Hast du keine frohen Erinnerungen?

Mascha
(will etwas sagen, dann schnell)
Aber .... ich muß jetzt ...

Georg
So, schon? — Also auf Wiedersehen.

Mascha
(geht ein paar Schritte zurück)
Jetzt wohl nicht so bald, Herr Millner.

Georg

Warum?

Mascha

Nun jetzt wird doch nichts aus unserer....
aus der Arbeit, wollt' ich sagen....

Georg

(ist ans Fenster getreten ohne sich dabei umzuwenden)

Ja, — da kannst du recht haben....
(Plötzlich lebhaft, indem er einige Schritte nach vorn
kommt.) Obzwar gestern Nacht, während
des Gesprächs mit Helene, schien mir alles
ganz nah. Ich hab' ihr, weißt du — alle
Bilder erzählt.

Mascha

Auch.... auch das vom November?

Georg

Auch, aber besonders die zukünftigen.
Denn die alten sind ihr ja so gut wie bekannt, dem Gefühl nach....

Mascha

(sieht ihn fragend an.)

Georg

Ja, — ich meine wie meine ganze übrige
Vergangenheit, die ihr durch meine hastigen
Erzählungen so seltsam vertraut wurde.

Aber um die Bilder, die ich noch malen werde, handelt es sich, um die Zukunft: Die mußten wir uns noch erzählen.

Mascha (leise)

So — alles auf einmal? ...

Georg

Ja ... Siehst du ... da war ein Bild. Auswanderer: Ein flaches Feld, hinter den Ernten, arm, ausgenützt. Und Menschen gehen fort. Ein Haufen dicht gedrängt, dunkel, in die untergehende Sonne. Viele Rücken gebückt wie unter der Last der eigenen Konturen ... Und sie sagte dabei: "Als ob sie Berge würden am Rand der Erde ..." Und das war ganz recht. Das eben bedeutete mein Bild, daß sie Berge würden am Rand der Erde. (Pause.) Und dann gab es noch eines: ich nannte es "Christus". Und sie verstand gleich, daß ich keine Gestalt meine, keinen Menschen, sondern eine Landschaft. Das Kommende verkündet von der Erwartung ... O Mascha, wer doch beginnen dürfte! (Mit einer weiten Bewegung.)

Mascha

Ja, das muß das Schwerste sein.

Georg

Eine Gewaltsamkeit ist es! Nichts ist geschehen, ein Morgen, wie jeder andere. Und da tritt einer an den Schreibtisch, oder an die Staffelei und — thut es, das Unerhörte. Spricht etwas aus, was eigentlich nur als Schweigen denkbar ist. Spricht es trotzdem aus, ruft es heiß, laut, atemlos, als ob Tausende vor ihm stünden, die verhungern müßten ohne dieses Wort....

Mascha
(leise, fast unhörbar)

Es sind mehr als Tausende....

Georg

Du kannst das alles nicht verstehen, Kind. (Müde, die Hand vor den Augen.)

Mascha (ruhig)

Nein.

Georg

Gehst du schon? (Er tritt an den Farbenschrank, zündet sich eine Cigarette an.) Also Adieu indessen, Helene wird auch gleich da sein. Ich schreib dir, wenn ich dich brauchen sollte.

Mascha

Wenn Sie mich brauchen sollten, ja?

Georg
Ja, eine Karte. (Reicht ihr die Hand.)

Mascha
(nimmt sie.)

Georg
Ist dir kalt? (Als ob er sie eben erst bemerkte.) Du siehst heute schlecht aus. Hast du nicht geschlafen?

Mascha
Wenig.

Georg
(läßt ihre Hand los, oberflächlich)
Immer noch Fasching?

Mascha (traurig)
Immer, das ganze Jahr....

Georg (lacht)
So so... na nur nicht des Guten zu viel! Adieu.

Mascha
Adieu Herr Millner. (Geht schnell ab.)

Georg
(bleibt rauchend am Schreibtisch stehen, blickt im Zimmer umher. Als Mascha schon die Thür geöffnet hat, rasch)
Und noch schön Dank, für die Ordnung

hier.... Aber weißt du, du könntest....
wann kommst du hier wieder vorbei?

Mascha

Hier?.... Ich muß um Mittag zur Mutter.... aber so in zwei Stunden.

Georg

In zwei Stunden, prächtig. Weißt du, du könntest dann ein paar Blumen mitbringen für Helene. Willst du?....

Mascha (zögernd)

Für?....

Georg

Ja, für die Dame. Ich habe gar keine zu Hause, die fehlen noch. Ich selbst kann nicht fortgehen, Helene kann gleich kommen. Und die Hausbesorgerin will ich nicht schicken, die bringt immer Goldlack. Jedesmal, wenn man sie schickt, bringt sie Goldlack, das ist so eine fixe Idee von ihr.... Such etwas Schönes aus. Ja?

Mascha (leise)

Rosen?

Georg

Was du willst. Du hast ja Geschmack. Die Dame ist blond, etwa so wie du, danach kannst du wählen.

Mascha

Fürs Haar? . . . .

Georg (ungeduldig)

Gott, — vielleicht fürs Haar. Ich weiß nicht. (Pause. Mascha will schon gehen.) Und bring auch einige Früchte mit, hörst du. Der Frühling ist nicht ganz ohne den Sommer. Bring Orangen, recht reife, dunkle. In denen ein süßer südlicher Sommer, ganz klein zusammengefaltet, verborgen ist . . . . Willst du? . . . . So in zwei Stunden also? . . . .

Mascha

Ja, Blumen und Orangen. (Öffnet die Thür.)

Georg

Und komm nur ruhig herein. Damit du sie siehst.

Mascha

Ich soll sie sehen? (Wie feindlich.)

Georg

Warum nicht?

Mascha

Nur so . . . . ich . . . . also Blumen und Orangen.

Georg

Ja ja. Adieu.

Mascha (ab.)

Georg

(geht langsam im Zimmer auf und ab. Bleibt vor einzelnen Bildern stehen, sieht sie gedankenlos an, geht wieder weiter, tritt plötzlich rasch an den Schreibtisch heran, wirft alles durcheinander, findet endlich in einer Tasche an der Wand die Bürste, putzt sich den Rock. Es pocht. Putzt rasch weiter und wirft die Bürste fort, macht zwei, drei große Schritte zur Thür zu und ruft)

Herein.

Helene

(in sehr eleganter Straßentoilette, blond, sehr vornehm, nicht mehr ganz jung.)

Georg

(starrt sie eine Weile an.)

Helene

Nun, erkennen Sie mich nicht?

Georg

(außer sich)

Helene. Ich habe Sie erwartet, aber...

Helene

(streift den rechten Handschuh ab, ehe sie ihm die feine, unberingte Hand reicht)

Ich habe Sie gleich erkannt.

Georg

(legt seine Hand in die ihre. Immer noch verlegen)
Erkannt?

Helene

Nun ja, gewissermaßen. Wir haben uns ja noch nie bei Tage gesehen.

Georg (erleichtert)

Ja, das ist wahr. Und dann, denken Sie, ich habe fast erwartet, Sie würden verschleiert sein.

Helene

Ach, Sie meinen, zu solchen Besuchen?

Georg

O aber .... wie können Sie glauben! Nein, aus irgend einem Grunde hab' ich mir eingebildet ....

Helene

Mich dürfte kaum jemand hier eintreten gesehen haben, seien Sie ganz ruhig.

Georg (verlegen)

Nein, ich .... Bitte wollen Sie —
(Er weist ins Zimmer.)

Helene (lachend)

Jetzt hätten Sie fast Fräulein gesagt. Was? (Kommt nach vorn.)

Georg
Ich, nein, wirklich . . . .

Helene
Oder gnädiges Fräulein sogar? (Sie setzt sich in den bequemen Stuhl.)

Georg (ernst)
Ja, aufrichtig, jetzt hätte ich fast gnädiges Fräulein gesagt.

Helene (drollig)
So weit ist es mit uns gekommen! (Sie lachen.)

Georg
Sie rauchen doch? (Er reicht ihr die Cigarettenschachtel.)

Helene
(während sie eine Cigarette herausgreift)
Sagen Sie nur heute noch Helene . . . .

Georg
(sieht sie erstaunt an)
Heute noch? . . . . Und dann?

Helene
Wann dann? — Geben Sie mir Feuer. Bitte!

Georg
Ja, — aber sagen Sie doch — — (unbeweglich).

Helene
Nun, da muß ich mir selbst die Cigarette anzünden.

Georg
(zündet rasch ein Streichholz an)

Verzeihung, aber .... (Plötzlich wie in momentaner Erleuchtung.) Ach, vielleicht heißen Sie gar nicht wirklich Helene?

Helene
(versucht ihre Cigarette)

Doch, doch, so heiße ich ....

Georg
Ich bin gespannt ....

Helene
Lassen Sie mich nicht allein rauchen. Und dann setzen Sie sich erst —

Georg
(thut es rasch)

So, nun sitze ich ....

Helene (lächelnd)
Bequem?

Georg (lachend)
Ja doch ....

Helene
(sieht sich langsam um)

Schön.

Georg
Sie meinen?

Helene
Sie haben es schön. Man kann sich gut denken, daß Sie hier arbeiten. (Sie legt die Cigarette fort und hält ihm beide Hände hin, mit Wärme.) Ich habe mich so darauf gefreut, diesen Raum hier kennen zu lernen. Alles das.

Georg (aufspringend)
Wirklich?

Helene (ruhig)
Ja, dieses war noch notwendig, den Schauplatz zu sehen.

Georg
Welchen Schauplatz?

Helene
Wo unser Leben vergangen ist ....

Georg
Unser?

Helene
Unser gestriges Leben ...

Georg
Verzeihen Sie, aber Sie sagen das alles so merkwürdig.

Helene
(läßt seine Hände los und lehnt sich zurück)
Ich bin vielleicht etwas ungeschickt im Ausdruck. Aber, das ist verzeihlich. Die Worte sind für solche Dinge nicht eingerichtet.

Georg
Wie sagen Sie?

Helene
Was haben Sie gedacht, was wir heute thun würden, Georg?

Georg
Thun? Wissen Sie das nicht?

Helene
Doch, ich weiß es ... es handelt sich nur darum, wie Sie darüber denken.

Georg
Nun ... ich ... ich habe gedacht, wir würden heute beginnen....

Helene
Was?

Georg
Nun Es — das worauf es ankommt, das Gemeinsame....

Helene
Beginnen — noch einmal?

Georg

Ja, Sie haben recht. Das haben wir schon gestern — also fortsetzen, ausbreiten, mit einem Worte: leben!

Helene

Leben — noch einmal?

Georg
(tritt einen Schritt zurück)

Wie —?

Helene

Ja, haben Sie nicht bemerkt, daß wir gestern alles gehabt haben?

Georg
(sieht sie starr an)

Helene
(streckt abwehrend die Hände aus, als wollte sie sich wehren gegen das Entsetzen in seinen Augen)

Ja, jetzt kommt das Grauen über Sie, das mich gestern gepackt hat. Diese namenlose Angst....

Georg
(tonlos und mühsam)

Angst?

Helene

Als Sie nicht Halt machten. Als Sie mich mitnahmen in dieses fliegende Leben, in dem Vergangenheit, Gegenwart und Zukunft nicht mehr zu unterscheiden war, wie die einzelnen Scheite in einer großen Flamme. Als Sie unsere ganze Gemeinsamkeit verbrauchten, auch die, die uns noch bevorstand.... Ich hätte Ihnen in den Arm fallen mögen. Genug! Nicht jetzt, nicht hier! Nicht auf einmal. Wir wollen das lieber leben ... später ... O — aber Sie hörten mich nicht. Sie rissen mich mit. Sie, Sie wollten alles — alles haben.... (Langsam, traurig) Und da hab' ich dir alles gegeben.

Georg
(starrt sie einen Augenblick an, stürzt dann zu ihr in die Kniee und faßt sie an den Schultern)
Helene! (schreiend).

Helene
(nimmt seinen Kopf zwischen die Hände, sucht seine Augen.... und schaut einen Augenblick ernst hinein, dann leise, sehr traurig)
Auch das! (Pause.)

Georg
(in plötzlicher Seligkeit, sie wild umfassend)
Aber Kind, Kind! Was hast du? Wir waren doch in Gesellschaft unter Menschen, nicht einen Augenblick allein. Denk doch.

Helene (sanft)

Trotzdem, trotzdem, Georg. Trotzdem ist es, als ob es gewesen wäre .... du hast mich ja gezwungen, mich ganz vor dir aufzuthun ....

Georg
(läßt sie langsam los)

Helene

Alle deine Gebärden kenn' ich. Deine Sanftheit und deine Gewalt. Nichts überrascht mich. Und du wußtest ja auch einen Augenblick, als unsere Hände sich streiften, daß ich nackt bin und in deinen Armen.

Georg (hilflos)

Verzeih ....

Helene
(neigt sich zu ihm vor)

So mein' ich's nicht, Georg. Es war ja ein Glück. Es war ja wirklich. Und es war schön.

Georg
(hebt zitternd die Augen, flehend)

Helene! (Plötzlich legt er den Kopf in ihren Schoß.)

Helene
(streicht ihm durchs Haar)

Nur, siehst du, — ich kann kein Kind

von dir haben, Georg. Aber alles andere war. Wirklich. Es giebt nur eine Wirklichkeit.

Georg
(schluchzt auf)

Helene
Nicht, Georg, nicht. Du hast es ja gewollt.

Georg (leise)
Nein, nicht so ....

Helene
Wie denn?

Georg
Im Leben .... hier ....

Helene
Da wär' es vielleicht Stückwerk geworden.

Georg
Und so?

Helene
Ist dir nicht auch, Georg: Wir haben zusammen auf einer Insel gelebt lange, lange?

Georg
(hebt den Kopf)

Ja.

Helene
Und haben uns lieb gehabt und uns geküßt.

Georg
Und sollen es nicht mehr thun?

Helene (lächelnd)
Nein....

Georg
Und warum?

Helene
Weil wir nicht mehr auf der Insel sind.... Wir sind wieder, wo alle Dinge Schwere und Schatten haben. Und wo zwischen den einzelnen Ereignissen Jahre liegen, wie weite Wege. Und darum müssen wir Abschied nehmen.

Georg (verzweifelt)
Abschied?

Helene
Ja, dort gab es keinen Abschied. Der gehört her in die Zeit. Das ist das Einzige, das uns noch geblieben ist. (Pause.)

Georg
(steht auf)
Helene, du kannst dir nicht denken, daß das nur eine Ouverture war, in der alle Leitmotive in fliegender Hast anklangen? Und daß wir jetzt...?

Helene
Die Oper beginnen, meinst du? ....

Georg (nickt)
Ja, die Handlung ....

Helene (lächelnd)
Warum änderst du die Worte? Es würde doch nur eine Oper werden. Davor war mir bang.

Georg
Davor?

Helene
Die ganze Nacht. (Pause.)

Georg
(beginnt auf und ab zu gehen)
Das alles ist Unsinn. (Pause, im Weitergehen:) Seltsam!

Helene
Ja, Georg, das ist es: Seltsam. Aber wir wollen uns nicht verwirren lassen.

Georg
(bleibt stehen)

Helene
Ja, — denn die meisten lassen sich verwirren. Wenn sie schwindlig sind von irgend einer raschen Melodie, dann versuchen sie

dieselbe nochmal auf dem Alltag zu spielen. Aber was gedacht ist einen Tanz zu begleiten, läßt sich schwer auf Schritte spannen. Es wird leicht lächerlich und bizarr. Und das wollen wir doch nicht? Wir mit unseren Flügelgefühlen, Georg?

Georg
Du hast über alles das nachgedacht?

Helene
Ich wußte, daß du es nicht thun würdest. Ich glaube, ich bin älter als du.

Georg
(macht eine Bewegung)

Helene (leise)
Dort nicht ... dort war ich ... du weißt ja. (In anderem Ton) Aber .... wir wissen nun wenigstens, daß wir wirklich andere Menschen sind.

Georg
Andere?

Helene
Neue. Da wir das alles haben konnten inmitten einer Gesellschaft ganz unbekümmert, wie zwei, die sich unsichtbar machen können ....

Georg
Das sagtest du gestern auch: wie zwei, die ...

Helene

Ja, war es nicht so? Denk nur, so sehr haben wir schon das Konventionelle überwunden . . . . Es stört uns nicht mehr. Heute werden sie erzählen, daß der Maler Millner mir den Hof gemacht hat. Morgen wird meine Tante mir sagen, sie würde sich freuen, dich kennen zu lernen und wird dann vierzehn Tage warten, ob du uns nicht besuchst. (Sie lacht.) Und inzwischen haben wir schon so gut wie zwanzig Jahre zusammen gelebt. Gestern, während für die anderen Menschen zwei Stunden vergingen.

Georg

Warum gerade zwanzig Jahre?

Helene (heiter)

Nun so. Wir sind doch schließlich noch jung gestorben.

Georg
(schüttelt den Kopf)

Helene

Gestorben mitten im Glück! Was für Schönheit das hat! Glaubst du, daß andere das schon erlebt haben?

Georg (spöttisch)

Auf diese Weise könnte man viele Leben haben?

Helene (ernst)

Ja, begreifst du? — Das wäre die Kunst des modernen Menschen.

Georg

Die Kunst? . . . .

Helene

Oder die Aufgabe: Für jedes Erlebnis die entsprechenden Takte zu finden, dann würde jedes ein Ganzes, ein Leben. Und er lebte Tausende Leben . . . .

Georg

Und stürbe tausend Tode . . . .

Helene

Die er alle überwände . . . fühlst du?

Georg

Wie kamst du darauf?

Helene

Auf diese Gedanken? Du fragst? (Steht auf.) Du bist Maler, Georg. Wenn du einen Abend malst, sag, ist es ein Abend?

Georg

Nein, natürlich. Ich dränge viele ähnliche Abende in meinem Bilde zusammen, wo möglich alle, die ich gerade weiß.

Helene
Siehst du, nun sprichst du das Geheimnis selbst aus.

Georg
Wieso?

Helene
Kamst du gestern zu diesem Diner von der Arbeit?

Georg
Nicht gerade ... aber ...

Helene
Aber du wärst eben im stande gewesen, zu arbeiten? ...

Georg
Ja, ich hätte wohl schaffen können.

Helene (froh)
Und du hast geschaffen. Mit dem Maße des Kunstwerks tratest du an mich heran und vollendetest mich, uns ... Machtest aus dem „Wir" ein „Werk", ein Ewiges ...

Georg (traurig)
Das nicht einmal heute mehr besteht.

Helene
O ... sind denn deine Bilder hier ...

Ich meine, steht für jeden von den Menschen da, was du gemacht hast? Nein! Es ist nur für die vorhanden, die dort hinfinden, wo deine Bilder sind, wo sie leben. Dort sind auch wir, Georg — Ewige! —

Georg
(sieht sie ernst an. Pause)
So also kamst du auf diesen Gedanken?

Helene (nickt)
Daß wir etwas gefunden haben, was wichtig ist zum Leben.

Georg
Aber giebt es nicht schon viele Menschen, die — wie soll man sagen — ohne Vorbild leben, ohne die Überlieferung auf sich anzuwenden, wie erste; die müssen denn doch ganz unwillkürlich den einzelnen Erlebnissen die richtigen Maße unterlegen?

Helene
Ja, das thun sie unbewußt bei einem, bei zwei oder drei Ereignissen. Aber sie sind alle noch Anfänger, im Notfall lernen sie fünf bis sechs Taktmaße kennen, die sie dann anwenden auf alles.... Aber das Leben hat tausende. Und ist einmal ein

Fehler gemacht, geraten sie in Verwirrung und greifen schnell nach derjenigen Konvention, die ihrer momentanen Lage am ähnlichsten sieht .... (Pause.) Du z. B. hättest mich geheiratet....

Georg
(aufrichtig, erstaunt)
Nein.

Helene
Also nicht? Was hätten wir denn gemacht?

Georg
Wir —— aber das ist ja Unsinn.

Helene
Nein, nein, bitte sag, wie dachtest du dir das?

Georg
Nun, wir würden einfach beisammen bleiben.

Helene
Hier?

Georg
Hier oder besser anderswo — wegen deiner .... deiner Tante....

Helene
So. Und ohne weiteres?

Georg
Ohne weiteres. Wie Malersleute....

Helene (lacht)

Georg
(stockt, sieht sie fragend an)

Helene (lacht)

Georg

Nun, was lachst du denn?

Helene

Aber, Georg, dafür giebt es ja längst eine Konvention!

Georg

Dafür .... aber ....

Helene

Ja, eine Konvention, nicht innerhalb der Gesellschaft, aber innerhalb bestimmter Kreise .... Ist das etwas Besseres? Ich hätte angefangen mich nachlässig zu kleiden ...

Georg
(sieht sie sprachlos an, dann lacht auch er)

Helene (lachend)

Siehst du! — Und nun laß mich gehen, solange wir lachen.

Georg (erschrocken)

Gehn?!

Helene

Ja. Aber noch eines. Du darfst nicht traurig sein. Und wenn du dich an uns

erinnerst, denk unser Schicksal nie anders, als in dem Tempo, in dem es schön ist, in dem es Melodie ist.... Versprich mir das.... Versuche es nicht mit den Maßen des Lebens zu messen, du thust ihm unrecht.
Georg
(legt seine Hand in die ihre, sie sehen sich an, schweigen, dann)

Ich möchte wohl ein Glück, das....
(er läßt ihre Hand los).
Helene
Das mit dem Leben besser Schritt hält, meinst du...?
Georg (rasch)
Ja.
Helene
Soll ich dir sagen, was ich denke, seit ich hier bin?
Georg
Seit du hier bist?
Helene
Ein solches Glück....
Georg
Es wird kommen? —
Helene
Oder es ist schon um dich.... Hier ist es ganz so.... als ob....

Georg
Als ob? . . . .

Helene
Als ob es schon um dich wäre . . . .

Georg
Seit wann? . . . .

Helene (ruhig)
Schon lange. Du merkst es nur nicht. So sehr legt es sich an dein Leben an, — sein Atemholen und das des Lebens ist wie ein einziger Atem. Ich kann mich irren. Ich weiß ja nicht . . . . Ich rede nur wie eine Frau . . . . Aber denk nach . . . .

Georg
(senkt den Kopf)

Helene
(entfernt sich leise von ihm)

Denk nach, ob es jemanden giebt, den du fast noch nie bemerkt hast, und der doch eigentlich immer um dich ist. Jemanden, den du vom Leben gar nicht unterscheiden kannst, Georg, vielleicht . . . . denk nach, Georg . . . . (geht leise zur Thür, öffnet sie leise). Denk nach! (Ab.)

Georg

(steht noch eine Weile reglos in Nachdenken versunken ... plötzlich fährt er auf wie einer, den ein Traum verläßt und schaut um sich. Allmählich begreift er)

Helene! (Er rennt zur Thür, reißt sie auf und schreit:) Helene! (Er horcht, alles bleibt still, dann schließt er wieder die Thür, kommt zurück, geht in Gedanken hin und her, nimmt ein Ding in die Hand, dann ein anderes. Zündet sich eine Cigarette an. Plötzlich schleudert er sie fort, stürzt an den Schreibtisch rechts und beginnt hastig zu schreiben. Nach einer Weile sagt er irgend etwas undeutlich, unwillig und zerreißt das Briefblatt. Nimmt ein anderes, beginnt, schreibt, — läßt wieder ab. — Zerreißt auch dieses. Dann starrt er vor sich hin und dann mit einer heftigen Bewegung birgt er das Gesicht in die Hände, und bleibt so, die Ellbogen auf den Tisch aufgestemmt, reglos sitzen. Nach einer Weile tritt Mascha ein, ganz langsam, ganz zögernd; sie schaut sich fortwährend scheu um. Sie trägt einen großen Strauß rote italienische Anemonen und in einem Körbchen Orangen. — Als sie Georg, der ihr, wie sie so eintritt, unbeweglich den Rücken kehrt, bemerkt, erschrickt sie und sagt leise: „Guten Tag!" Alles bleibt still. Sie geht leise an den Ofen, nimmt von da einen Thonkrug und ordnet, indem sie ihn auf den Farbenschrank trägt, dort die vielen lichten Anemonen hinein. Währenddessen wendet sich Georg ein wenig im Stuhl und bemerkt sie. Er will aufstehen, dann aber verharrt er und folgt ihren Bewegungen. Plötzlich fühlt Mascha seinen Blick und sagt schnell:)

Mascha

Sie haben geschlafen. Ich bring' nur die Blumen. Und da sind Orangen...

Georg (schnell)

Gut, gut. (Steht auf und tritt näher.) Anemonen hast du gebracht? Hast du die gern? —

Mascha (erschrocken)

Sind sie nicht recht?

Georg

Doch. (Nimmt einige Blüten und hält sie ihr ins Haar.) Sie stehen gut zu deinem Blond.

Mascha (schlicht)

Ja, wenn nur die Dame wirklich ganz das gleiche Blond hat.

Georg
(sieht sie erstaunt an. Dann)

Ach so. — Daran hab' ich jetzt nicht gedacht. Ich habe gedacht, wenn man aus diesen Anemonen da ein Kränzel machte und es dir ins Haar legte....

Mascha
(greift in die Anemonen)

Wollten Sie das malen?....

Georg
Nehmen wir an. Ich wollt es malen. Dich mit dem Kränzel. Und es läge so besonders gut, ganz wie ich es brauchte, aber . . . .

Mascha
Aber?

Georg
Aber ich hätte nun im Augenblick keine Lust zu malen, — oder Kopfschmerzen.

Mascha
Dann würd' ich warten.

Georg
Aber einstweilen wird es dunkel und mit dem Malen ist's aus für den Tag.

Mascha
Na, so geht's vielleicht am anderen Tag.

Georg
Ja, wer kriegt das zustand, das Kränzel wieder ganz so hinzulegen, wie es gelegen hat, —

Mascha
Nun, so bleib' ich halt mit dem Kränzel sitzen.

Georg
Die ganze Nacht?

Mascha
Ja.

Georg
Da darfst du aber nicht einschlafen. Sonst verschiebt's sich.

Mascha
Nein, einschlafen darf ich da nicht.

Georg
Und überdies sind ja die Blumen bis früh welk in deinem Haar . . . .

Mascha (traurig)
Ja, — das ist wahr. Und mit dem welken Kränzel . . . .

Georg
(sich abwendend)
Da ist es natürlich nichts damit.

Mascha
Natürlich! (Pause. Sie ordnet weiter die Blumen ein.) Und die Dame? Ist noch nicht da?

Georg
Die Dame? (Er bleibt plötzlich stehen, sieht Mascha fest an und geht dann rasch auf sie zu. Legt ihr die Hände auf die Schultern und wendet sie so sich zu. Sucht ihre Augen.) Mascha . . . . bist du's?

Mascha

(sieht ihn erstaunt an)

Georg

Du bist immer hier, nicht, Mascha?

Mascha

(weicht zurück)

Georg

Aber, — das kannst du ja gar nicht verstehen, Mascha. (Hilflos, scheu) Mascha, diese Blumen gehören dir....

Mascha

(sieht ihn noch immer groß, ohne zu verstehen, an)

Georg (ratlos)

Und — und.... die Orangen auch.... die Orangen, die wollen wir zusammen essen, wir wollen — künftig immer — alle Orangen zusammen essen....

Mascha

(plötzlich, selig)

Georg?

Georg

(empfängt sie in seinen Armen)

Verzeih mir....

Mascha

(vergräbt ihr Gesicht an seiner Brust, während er ihr leise das Haar streicht. Plötzlich schluchzt sie auf.)

Georg (leise)

Was denn, was weinst du denn so?

Mascha

(unter Lachen und Weinen)

Weil es jetzt nicht ruhig ist in mir, — wie du es willst....

Georg (zärtlich)

Du....

Mascha

Ja, es ist gar nichts jetzt vorbereitet in mir — —

Georg

(kniet leise vor ihr hin)

Mascha

(legt ihm beide Hände auf die Augen. Mit leisem Vorwurf, während ihr Lächeln sich immer mehr klärt)

Oft war schon alles, alles bereit für dich. Und nun kommst du gerade zur Unzeit....

Vorhang fällt

Made in the USA
Middletown, DE
06 May 2015